1001 contes

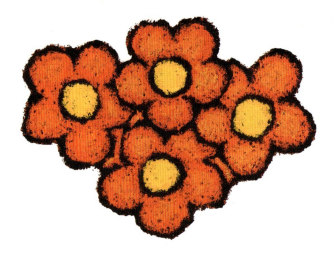

Mes jeunes et chers amis,

« Quelle histoire bizarre ! » vous direz-vous, si vous lisez ce livre comme tous les autres, de la première à la dernière page.
Mais, au bas de chacune d'elles, deux questions vont vous aider à choisir la suite donnée au récit. Ainsi chaque conte dépendra-t-il complètement des décisions que vous prendrez.
Si vous êtes très curieux, vous trouverez dans ce livre autant de contes qu'il y en a dans les *1001 Nuits*. Ou à peu près.
Je vous souhaite beaucoup de plaisir au cours de votre voyage entrepris par les chemins entrelacés de ce labyrinthe de contes.

Traduction de l'anglais par Pierre Bonhomme

Copyright © Mladinska Knjiga Zalozba, 2005
All rights reserved
Titre original : 1001 Stories
© 2006, Circonflexe pour l'édition en langue française
ISBN 2-87833-379-9
Imprimé en Italie. Dépôt légal : mars 2006
Loi n° 49-956 du 16 juillet 1949
sur les publications destinées à la jeunesse

lila prap

1001 contes

Il était une fois une petite fille si gentille et si aimable que tout le monde l'aimait.
Elle était toute jeune, mais elle aidait beaucoup sa mère. Elle aimait s'occuper dans la maison, faisait vite et avec grand soin tout ce que sa mère lui demandait.
Un jour, celle-ci mit un peu de nourriture et de boisson dans le panier de la fillette et lui demanda d'aller le porter à sa grand-mère malade. La vieille femme vivait seule dans une toute petite maison au milieu de la forêt.
« Fais bien attention ! dit la maman à la fillette qui se mettait en route. C'est la première fois que tu vas toute seule chez ta grand-mère, aussi ne t'éloigne pas du chemin et ne parle à aucun étranger. »

1

Si tu veux découvrir ce qui est arrivé à la petite fille alors qu'elle traversait seule la forêt, va page **4**

Si tu es plus intéressé par l'histoire d'un garçon qui embêtait ses frères, poursuis ton récit page **2**

Il était une fois un petit garçon si effronté et si méchant que tout le monde l'évitait. Comme ses parents étaient souvent absents, ses grands frères devaient s'occuper de lui. Le garçon les taquinait jusqu'à les rendre furieux, si bien qu'un jour ses frères en eurent vraiment assez. Ils le poussèrent hors de la maison et lui jetèrent la canne à pêche avec laquelle il n'avait cessé de leur chatouiller les oreilles et le nez.
« Va pêcher dans le lac de la forêt, lui dirent-ils en colère. Et ne reviens que lorsque tu en auras pêché tous les poissons ! »
Le petit garçon bouda pendant un moment devant la maison puis il se mit en route d'un pas décidé vers la forêt.
Il devait bien y avoir dans cette forêt quelqu'un qu'il pourrait taquiner !

As-tu envie de savoir ce qui est arrivé au méchant petit garçon quand il était seul dans la forêt ? Va à la page **13**

Tu serais intéressé par un autre conte ? Par exemple par l'histoire de trois petits cochons ? Alors, va page **19**

Trois ours regagnèrent leur petite maison au retour d'une promenade. Intrigués, ils reniflèrent autour d'eux puis se retrouvèrent au milieu du salon, la fourrure toute hérissée.
« Quelqu'un a mangé mon porridge ! » grogna le plus gros ours de sa voix profonde.
« Quelqu'un a bougé ma chaise ! » marmonna la maman ours d'une voix plus claire.
« Et quelqu'un est en train de dormir dans mon lit ! » cria le petit ours de sa voix aiguë.
Les trois ours en colère se dirigèrent alors, toutes griffes dehors, vers une petite fille qui dormait là, s'apprêtant à la déchirer en morceaux.
Mais la fillette se réveilla juste à temps et s'enfuit par la fenêtre vers la forêt.

Aimerais-tu savoir où la petite fille courut pour échapper aux ours en colère ? Va page 21

Ou bien préférerais-tu la voir réveillée plus gentiment ? Dans ce cas, va à la page 20

La gentille petite fille sautillait joyeusement sur le sentier de la forêt, son panier à la main. Alors qu'elle traversait une clairière couverte de fleurs, un loup énorme surgit de derrière un arbre.
« Où vas-tu, petite fille ? » lui demanda-t-il de sa voix la plus douce.
« Chez ma grand-mère », répondit la fillette, et elle lui expliqua très gentiment où vivait la vieille femme et comment arriver à sa toute petite maison. N'ayant jamais vu de loup avant cette rencontre, elle n'en avait pas peur du tout.
« Pourquoi ne cueillerais-tu pas un joli bouquet de fleurs pour ta mamie ? dit le loup. Tu verrais comme elle serait contente ! »

Aimerais-tu savoir ce qui va se passer si la petite fille fait ce que le loup lui a dit ? Dans ce cas, continue page **7**

Aurais-tu préféré que la fillette se sauve immédiatement au lieu de parler au loup ? Va alors page **6**

« Je vais attraper un millier de poissons et les lancer à la tête de mes grincheux de frères », se dit le garçon, et il se rendit au bord du lac situé au milieu de la forêt. Pendant un long moment il n'attrapa rien. Il était près d'abandonner lorsqu'il réussit enfin à prendre un petit poisson. « Relâche-moi et je t'accorderai trois vœux ! » dit celui-ci.
« Je vais te dire ce que je souhaite, répondit le garçon, que cette prise minable désappointait. Je veux que tu te transformes en une énorme et dégoûtante grenouille ! » Puis il rejeta le petit poisson à l'eau et se remit en route, sa canne à pêche sur l'épaule.
Dans le même temps, le poisson se mit à grossir, ses yeux commencèrent à lui sortir de la tête, il devint vert et s'éloigna à la nage.

5

Si tu as envie de voir ce qui arrive au garçon dans les bois, passe directement à la page 12

Ou si tu aimes mieux savoir ce que devient le petit poisson transformé en grenouille, continue page 21

La petite fille fuyait à travers bois. Elle ne s'arrêta que lorsqu'elle parvint devant un vaste château dont la lourde porte s'ouvrit d'elle-même. Elle entra, curieuse d'en découvrir l'intérieur. Mais elle ne vit personne nulle part. Dans une des pièces, sur une table bien servie, elle prit un peu de nourriture puis elle s'endormit dans un beau lit.
Pendant les quelques jours qui suivirent, tout ce qu'elle désirait lui apparaissait aussitôt. Mais elle voulait revoir sa maison, et elle décida de s'en aller. Soudain, comme elle quittait le château, une horrible créature lui barra le chemin.
« Tu resteras ici ! » coassa ce monstre. Et il poussa la fillette jusqu'à la plus haute pièce de la tour où il l'enferma.

Voudrais-tu savoir si la petite fille va rester prisonnière de l'horrible créature ? Va alors page **16**

Que se passerait-il si la fillette pouvait s'enfuir dans les bois ? Pour l'apprendre, va à la page **11**

6

La petite fille n'hésita pas un instant : suivant les conseils du loup, elle se mit à cueillir des fleurs. Pendant ce temps-là, l'animal courait jusqu'à la maison de la grand-mère. Arrivé sur place, il frappa à la porte et dit d'une voix forte : « Mamie, je t'ai apporté de quoi manger et boire. »
« Entre donc ! La clef est sur le rebord de la fenêtre entre les deux pots de fleurs ! » répondit la grand-mère, pensant qu'il s'agissait de sa gentille petite-fille. Mais quand la porte s'ouvrit, elle eut un cri d'horreur. Le grand méchant loup entra et, d'un seul bond, atteignit le lit de la vieille femme.

7

Aimerais-tu savoir pourquoi le loup s'est précipité dans la maison de la grand-mère ? Alors, continue page **8**

Aurais-tu préféré que le loup disparaisse immédiatement de la maison ? Dans ce cas, va à la page **22**

Le loup dévora la grand-mère. Puis il se mit son bonnet sur la tête, et ses lunettes sur le nez. Ainsi déguisé, il se coucha dans le lit pour attendre la fillette. Un peu plus tard, après avoir cueilli tellement de fleurs qu'elle pouvait à peine les porter, celle-ci rejoignit la maison et entra. Surprise, elle regarda sa grand-mère en se demandant bien pourquoi sa mamie avait des oreilles et des yeux si grands.
« Je suis heureuse de te voir et de t'entendre, ma mignonne ! » Mais comme sa bouche était grande !
« Je vais me faire un plaisir de te manger ! » grogna le loup. Et il dévora la petite fille à son tour.
Il s'endormit ensuite dans le lit de la grand-mère et se mit à ronfler très fort.

La grand-mère et sa petite-fille vont-elles rester pour toujours dans l'estomac du loup ? Pour le savoir, va voir à la page ⓬

Es-tu malheureux que le loup ait mangé la grand-mère et sa petite-fille ? Aurait-il dû manger autre chose ? Réponse page ㉓

8

La petite fille ne voulut pas embrasser cette grenouille dégoûtante. Et elle se sauva aussi vite que ses jambes pouvaient la porter, puis se cacha dans une maison vide au milieu des bois. La grenouille, vexée, la suivit en sautillant.
« Je veux un baiser et pas des promesses vides ! » Gonflant sa poitrine, l'animal coassait sans fin devant la porte de la maison. Comme la grenouille refusait d'arrêter ses coassements, après trois nuits sans sommeil la fillette en colère ouvrit enfin la porte et lui dit :
« Très bien ! Je vais tenir ma promesse. Mais ensuite tu devras disparaître. Je ne veux plus jamais te revoir. » Elle se baissa, ferma les yeux et embrassa la grenouille.

9

La fillette va-t-elle tomber malade après avoir embrassé la grenouille ? Que peut-il lui arriver d'autre ? Si tu veux le savoir, va page 28

Si tu aimes mieux que la petite fille se sauve dans les bois au lieu d'embrasser la dégoûtante grenouille, retourne page 6

La fillette et le garçon quittèrent le château effrayant et repartirent vers chez eux à travers bois. Ils marchèrent longtemps et finalement, alors qu'ils étaient très fatigués, ils s'arrêtèrent dans une clairière devant une maison aux couleurs vives. « Elle est faite en gâteau ! » s'exclamèrent-ils en s'approchant. Ils commencèrent alors à en détacher les délicieuses décorations et à les manger.
Soudain la porte de la petite maison s'ouvrit et une vieille femme toute décharnée apparut sur le seuil.
« Venez ! dit-elle, et de son doigt crochu elle les invita à la suivre dans la maison. Il y a des choses encore meilleures à l'intérieur ! »

Si tu veux savoir quelles bonnes choses le garçon et la fillette ont trouvées à l'intérieur, va page **15**

Aurais-tu préféré qu'il n'y ait personne dans la maison ? Alors, saute jusqu'à la page **27**

10

À la vue de l'horrible bête, la petite fille s'enfuit vers les bois, en hurlant. L'autre lui courait après. Mais elle rapetissait à chaque pas et à la fin elle se transforma en une minuscule souris. Elle avait perdu tous ses pouvoirs, et elle résolut de se cacher dans une petite bouteille abandonnée sur place. La fillette boucha rapidement la bouteille, puis, rassurée, continua sa course dans la forêt. Elle s'arrêta à la vue d'une pauvre petite maison plantée au milieu des bois. Elle y entra avec précaution, il n'y avait personne. Elle mangea un peu de porridge qui se trouvait dans un plat sur la table, puis elle gagna le lit le plus proche et s'endormit.

Es-tu content que la fillette ait trouvé la petite maison ? Aimerais-tu savoir qui y habite ? Dans ce cas, va à la page **3**

Tu préférerais peut-être savoir si la bête enfermée dans la bouteille a pu finalement s'en échapper ? Va alors page **13**

En errant dans les bois, le petit garçon arriva devant la maison de la grand-mère. Comme il entendait des bruits étranges venus de l'intérieur, il entra et trouva le loup qui ronflait tranquillement dans le lit de la grand-mère. Des appels à l'aide désespérés sortaient du ventre de la bête. Le petit garçon l'ouvrit rapidement à l'aide d'une paire de ciseaux. La grand-mère et sa petite-fille en sortirent et embrassèrent le petit garçon tout étonné. « On va mettre des pierres dans l'estomac du loup ! dit-il. Comme ça, il ne pourra plus jamais manger personne. » Puis il s'éloigna dans les bois en sifflotant joyeusement.

Voudrais-tu savoir ce qui va se passer au réveil du loup, celui-ci ayant l'estomac rempli de pierres ? Va alors page 22

Ou bien préfères-tu connaître les aventures qui attendent le petit garçon dans les bois ? Tu les trouveras page 16

Le petit garçon s'était amusé à détruire quelques nids d'oiseaux dans les arbres, à faire fuir tous les écureuils et les lapins du coin en les effrayant par ses cris, à donner des coups de pied dans tous les champignons qu'il rencontrait sur son chemin. Il arriva devant une grande fourmilière dans laquelle il s'apprêtait à fouiller avec un bâton quand ses yeux tombèrent sur une petite bouteille cachée parmi les fleurs.
« Qu'y a-t-il là-dedans ? » se demanda-t-il en ôtant le bouchon de la bouteille. Un horrible monstre en sortit. Il grandit, grandit, grandit jusqu'à atteindre la hauteur du plus grand arbre de la forêt.
« Je vais te tuer tout de suite ! » rugit le monstre en pointant ses griffes vers le garçon.

13

Que va-t-il arriver au garçon ? L'affreux monstre va-t-il réellement le tuer ? Apprends-le page **18**

Le garçon aurait-il mieux fait d'aller à la pêche plutôt que de faire ces bêtises ? Pour le savoir, reviens page **5**

Pendant des années et des années, la fillette s'occupa de la maison des nains. Elle était devenue une belle jeune femme. Un jour, tandis qu'elle balayait, on frappa à la fenêtre. Elle aperçut une pauvre vieille femme qui la regardait. Les nains lui avaient recommandé de ne jamais parler aux étrangers, mais elle ouvrit tout de même la porte.
« Je vous souhaite une très bonne journée, ma chère ! Je vends des pommes », dit la vieille femme en lui tendant la plus belle de son panier. La jeune fille fut ravie à la vue de ce fruit magnifique et elle mordit dedans. Mais elle tomba immédiatement à terre, inanimée, comme morte. La vieille femme était une méchante sorcière qui haïssait les aimables jeunes filles. Elle disparut dans les bois en ricanant.

Que vont faire les nains quand ils trouveront la pauvre jeune fille ? Pour en savoir plus, va à la page 26

Aurais-tu préféré que la jeune fille n'ouvre pas la porte ? Si oui, va page 17

14

La vieille femme, qui était en réalité une méchante sorcière, attrapa le petit garçon par son col et l'enferma dans une cage. Puis elle ordonna à la petite fille d'aller à la cuisine, où elle dut préparer jour après jour des montagnes de nourriture pour le pauvre garçon. Chaque jour, la vieille femme venait voir s'il avait pris du poids.
« Montre-moi ton doigt ! » lui disait-elle, mais le malin petit garçon lui montrait à la place un mince bâtonnet.
« Plus tu manges, plus tu maigris ! » maugréait la vieille femme, furieuse. Un mois passa et elle en eut assez d'attendre.
« Allume le feu ! ordonna-t-elle à la fille. Ce soir, nous allons faire un vrai festin. »

15

Veux-tu savoir à quel festin pense la méchante sorcière ? Si oui, va jusqu'à la page **24**

Aimerais-tu plutôt que la sorcière quitte les enfants et aille faire ses mauvais coups ailleurs ? Va alors page **17**

Le petit garçon errait dans les bois lorsqu'il arriva devant un grand château. À l'unique fenêtre de la tour, il aperçut le visage tout triste d'une fille. Prenant alors sa canne à pêche, il fit un lancer, et l'hameçon vint se planter sur l'appui de la fenêtre. Le garçon put ainsi grimper jusqu'à la fille qui fut toute heureuse de le voir. Mais, un instant plus tard, elle dut le cacher dans un coffre car un monstre énorme arrivait à pas lourds dans la pièce et se dirigeait vers la fenêtre.
« Qui a fait ça ? » rugit-il en voyant le fil de la canne à pêche pendu à la fenêtre. Il se mit à descendre par le fil pour chasser l'envahisseur, mais la ligne cassa et le monstre dégringola, se brisant en mille morceaux.

As-tu envie de savoir ce que le garçon et la fille ont fait quand le monstre fut parti ? Retourne alors page **10**

Tu es pressé d'apprendre ce qui serait arrivé à la fille si personne n'était venu la sauver ? Réponse page **25**

Déguisée en pauvre vieille femme, la sorcière portait un panier plein de pommes. Elle était en route vers le château lorsqu'elle rencontra, au beau milieu de la forêt, un garçon qui tenait une canne à pêche. « Bien le bonjour, mon garçon ! » lui dit-elle. Sans même lui répondre, l'enfant lança son hameçon vers la plus belle pomme et la tira à lui. « Vas-y, mange-la, mon chéri ! » ricana la vieille dame. Mordant dans la pomme, le garçon fut instantanément transformé en une horrible grenouille. Affolé, il se jeta à la nage dans le lac voisin.

17

Veux-tu savoir ce qui arriva au vilain garçon transformé en grenouille ? Passe alors page **21**

Le petit garçon devrait-il attraper des poissons plutôt que de faire des bêtises ? Si oui, retourne à la page **5**

« Vous allez me tuer ? C'est ça, votre remerciement ? » balbutia le garçon.
« C'est pour avoir attendu si longtemps, fit le monstre. Si tu m'avais sauvé il y a mille ans, je t'aurais donné tout ce que tu voulais. Mais maintenant… »
« Vous m'auriez vraiment tout donné ? répliqua le garçon. Vous êtes si puissant que ça ? »
« Bien entendu ! »
« Je ne vous crois pas ! Je parie que vous seriez incapable de rentrer dans cette bouteille ! »
« Rien de plus facile ! » s'exclama la créature, et elle se glissa de nouveau à l'intérieur.
Après avoir immédiatement rebouché la bouteille, le garçon la jeta dans les fourrés puis s'éloigna.

Es-tu heureux que l'histoire du monstre se termine ainsi ? Regarde alors la dernière page de couverture du livre.

Aimerais-tu savoir si le garçon va connaître d'autres aventures ? Dans ce cas, reviens à la page 12

Il était une fois trois petits cochons qui vivaient dans les bois. Un jour, chacun d'eux décida de construire sa propre maison.
Le plus jeune, qui aimait mieux jouer que de perdre son temps à travailler, bâtit rapidement une maison en paille.
Le second cochonnet n'y consacra pas beaucoup plus de temps. Il réunit quelques branchages et en fit une maison bien fragile.
L'aîné des petits cochons, lui, se mit à construire patiemment une maison avec les plus grosses pierres qu'il put trouver dans les bois.
« Tu peux toujours rire ! dit-il à son plus jeune frère qui dansait autour de lui en se moquant. Il y a un loup qui rôde dans les bois. Rira bien qui rira le dernier lorsqu'il nous trouvera. »

19

Qui a raison des trois petits cochons ? Le plus jeune, le cadet ou l'aîné ? Pour le savoir, passe à la page 23

Préférerais-tu une autre histoire ? Celle de la sorcière qui vivait dans les bois ? Va alors page 17

Sept petits nains rentraient chez eux après avoir passé la journée à travailler dans une mine d'or.
« Qui a touché à nos affaires et mangé de notre porridge ? » grommelèrent-ils. Mais ils s'arrêtèrent tout étonnés à la vue d'une jolie fillette qui dormait dans un des lits. Ils la contemplèrent en silence, jusqu'à ce que l'enfant rouvre les yeux. Elle leur expliqua alors qu'elle était entrée chez eux pour fuir les bêtes qui l'avaient poursuivie dans les bois.
« Reste chez nous ! lui répondirent-ils. Tu t'occuperas de nous et tu tiendras notre maison. Et nous, nous te protégerons ! »

La fillette devrait-elle accepter la proposition des nains ? Si tu le penses, va à la page **14**

Devrait-elle au contraire leur dire adieu et essayer de rentrer chez elle ? Dans ce cas, passe à la page **21**

20

La jolie petite fille, qui s'était aventurée au fond des bois, arriva au bord d'un lac. Se baissant, elle voulut se laver. Mais son bracelet en or glissa de son poignet et tomba dans l'eau. Si bien qu'elle se mit à pleurer.
Une affreuse grenouille apparut alors et lui demanda : « Tu me donneras un baiser si je te rapporte le bracelet ? » Désespérée, la fillette hocha la tête, tout en espérant récupérer le bracelet sans avoir à embrasser l'horrible grenouille.
Celle-ci plongea et lui rapporta bientôt le bracelet. La petite fille le remit à son poignet en regardant avec dégoût la grenouille qui offrait sa bouche pour recevoir le baiser.

21

Veux-tu savoir si la fillette va embrasser la grenouille qui lui a repêché son bracelet ? Va alors page **9**

Préfères-tu les contes où les petites filles rencontrent d'autres animaux ? Dans ce cas, retourne à la page **4**

Le loup gémit : « Ça ne me vaut rien de manger une grand-mère. Elle me pèse sur l'estomac. »
Il se traîna jusqu'au lac voisin pour y boire. Mais en se penchant au-dessus de l'eau, emporté par le poids de son gros ventre, il perdit l'équilibre et tomba dans le lac, où il disparut pour toujours.
La grand-mère et sa petite-fille vécurent par la suite bien tranquillement en se rappelant souvent la fin du méchant loup.

Si tu es content que le grand méchant loup soit mort, ferme le livre et regarde sa dernière page de couverture.

Si tu n'en as pas assez de tous ces contes, si tu aimerais en lire d'autres, retourne alors à la page ②

Le loup, affamé, qui parcourait les bois s'arrêta au bord d'une clairière où deux petits cochons dansaient et chantaient. Le voyant, tous deux coururent, effrayés, chacun vers sa maison. Et comme il ne pouvait pas y entrer parce que les portes en étaient fermées à clef, le loup prit une profonde inspiration et les balaya toutes deux de son souffle. Les deux cochonnets coururent en couinant se réfugier dans la solide maison de leur frère. Cette fois, le loup ne pouvait pas l'abattre en soufflant dessus ! Alors il décida d'y pénétrer par la cheminée. Mais il glissa et tomba droit dans une marmite de soupe qui bouillait sur le feu. Le derrière tout brûlé, le loup s'enfuit vers les bois d'où il ne revint jamais.

23

Veux-tu savoir tout ce que le loup au derrière brûlé a fait dans les bois ? Si oui, reviens à la page **4**

En as-tu assez des histoires de loups ? Préfères-tu les contes avec des sorcières ? Va alors page **17**

La sorcière aimait inviter des enfants chez elle pour les manger. En boitillant, elle se dirigea gaiement vers la cheminée.
« Nous allons faire un bon rôti », dit-elle, et elle se tourna vers le garçon dans sa cage. Puis elle écarta du feu la petite fille qui tremblait de peur. Elle se pourléchait déjà les lèvres en se penchant pour attiser le feu dans l'âtre. C'est alors que la fillette rassembla tout son courage et la poussa dans les flammes. Ainsi la sorcière n'effraya-t-elle plus jamais les enfants dans les bois. Ni ailleurs.

Es-tu content que la sorcière soit morte ? Dans ce cas, ferme le livre et regarde le dos de sa couverture.

Voudrais-tu savoir ce que le garçon et la fillette ont fait ensuite ? Dans ce cas, va à la page 27

24

Le monstre gâtait sa prisonnière en lui préparant les plats les plus délicieux, lui offrait toutes sortes de cadeaux et essayait de la distraire en lui racontant des histoires captivantes. Mais la fille était de plus en plus triste.
« Retourne chez tes parents, s'ils te manquent tellement ! dit la bête, désespérée. Mais reviens dans un an ! »
Et c'est ainsi que la fille s'en retourna chez elle. D'où elle ne pensa plus jamais à revenir voir le monstre. Bien des années plus tard, alors qu'elle avait presque oublié tous ces événements, elle partit cueillir des fleurs dans les bois. Là, elle fut terrifiée à la vue du monstre étendu dans une clairière.
« Tu n'es pas revenue et maintenant je vais mourir ! » murmura la bête haletante. Elle était maintenant si petite et si malheureuse que la fille, pleine de regrets, ferma les yeux et l'embrassa.

25

Voudrais-tu savoir ce qui va arriver maintenant que la fille a embrassé le monstre mourant ? La suite t'attend page **28**

Que se passerait-il si la fille enfermait à tout hasard la bête dans une bouteille ? Pour l'apprendre, retourne à la page **13**

Quand les nains rentrèrent du travail, ils trouvèrent la jeune fille étendue, inanimée, près de la porte. Mais ils ne purent rien faire pour lui venir en aide, pas même en courant après la méchante sorcière qui leur échappa. La jeune fille semblait dormir profondément. Désespérés, les nains la placèrent dans un cercueil de verre qu'ils transportèrent dans une clairière proche, au milieu des fleurs.

La nouvelle de cette belle dormant au bois se répandit bientôt dans tout le royaume et parvint aux oreilles d'un jeune prince. Dès lors, celui-ci ne pensa plus qu'à elle, jusqu'au jour où il partit à sa recherche. Après de longues heures, il trouva enfin la clairière cachée au plus profond de la forêt. Ému par la beauté de la jeune fille, il se pencha et lui donna un baiser.

Veux-tu savoir ce qui est arrivé quand le prince a embrassé la jeune fille endormie ? Va alors page **28**

Ou aimerais-tu plutôt découvrir si la vieille sorcière a été punie ? La réponse t'attend page **24**

Le garçon et la fille fouillèrent la maison et remplirent leurs poches des pièces d'or accumulées dans les coffres, puis ils se mirent tout heureux en route vers chez eux. Ils marchèrent, marchèrent, marchèrent encore, jusqu'au moment où ils aperçurent leur village dans le lointain. Un peu plus tard, ils se jetèrent joyeusement dans les bras de leurs parents qui pleurèrent de bonheur, ayant longtemps cru que quelque chose de terrible était arrivé à leurs deux enfants et qu'ils ne les reverraient jamais. Lorsque le garçon et la fille vidèrent leurs poches pleines de pièces d'or, tout le monde les regarda avec stupéfaction.
« Le village vivra pour toujours avec de telles richesses ! » dirent-ils. Et c'est bien ce qui se passa.

Es-tu content que les enfants soient ainsi rentrés chez eux ? En as-tu assez ? Si oui, ferme le livre et regarde son dos de couverture.

Aimerais-tu une autre histoire ? Retourne alors quelques pages en arrière et commences-en une nouvelle à la page

La jeune fille ouvrit les yeux et, tout étonnée, vit un beau prince devant elle. Il l'aida à se relever, puis ils montèrent sur son cheval blanc et regagnèrent son château situé en pays de cocagne.
Dès lors, ils furent très heureux et le sont encore aujourd'hui.

Es-tu content du sort de la jeune fille ? Ferme alors le livre et regarde le dos de sa couverture.

Tu n'as pas encore assez de ces histoires, tu veux en lire une autre ? Commence celle de la page 19